［历史生活绘本］

生活在古代日本

[美] 约翰·格林 图

[美] 斯坦利·阿佩尔鲍姆 文

林苓 译

清华大学出版社

北京

北京市版权局著作权合同登记号　图字：01-2017-0241

图书在版编目（CIP）数据

生活在古代日本 /（美）约翰·格林图；（美）斯坦利·阿佩尔鲍姆文；林苳译 .—北京：清华大学出版社，2018

（历史生活绘本）

书名原文：Life in Old Japan

ISBN 978-7-302-49132-3

Ⅰ . ①生… Ⅱ . ①约… ②斯… ③林… Ⅲ . ①社会生活－日本－古代－通俗读物 Ⅳ . ① K313.2-49

中国版本图书馆 CIP 数据核字（2017）第 305391 号

责任编辑：孙元元
装帧设计：环宇智汇
责任校对：王荣静
责任印制：杨　艳

出版发行：清华大学出版社
网　址：http://www.tup.com.cn,　http://www.wqbook.com
地　址：北京清华大学学研大厦 A 座　邮　编：100084
社总机：010-62770175　邮　购：010-62786544
投稿与读者服务：010-62776969, c-service@tup.tsinghua.edu.cn
质量反馈：010-62772015, zhiliang@tup.tsinghua.edu.cn

印装者：北京嘉实印刷有限公司
经　销：全国新华书店
开　本：140mm×210mm　印　张：4　插　页：8　字　数：65 千字
版　次：2018 年 1 月第 1 版　印　次：2018 年 1 月第 1 次印刷
印　数：1 ~ 4000
定　价：29.00 元

产品编号：067688-01

序 言

日本岛已有上千年的人类居住史。

早在公元前，岛上就出现了令人惊叹的艺术。

但是，日本的社会与文化在公元几百年后才为人所知。

当时中国的影响力不断增强，

佛教经中国（唐朝）传入日本。

公元 500 年后，天皇的权力被权臣和武士阶级的大家族所篡夺。

1192 年，日本爆发了激烈的内战，

军政府“幕府”成立，

天皇仍然只作为象征性的国家元首。

15 至 16 世纪，旷日持久的内战使骚乱达到了顶峰。

16 世纪，三位强势的将军接连执掌日本的政权，

日本的国力随之消耗殆尽。

1603 年，德川家康取得了战争最后的胜利，

其家族建立了德川幕府，

将位于日本东部的新首都命名为“江户”，

开创了日本历史上的江户时代。

1868 年，德川幕府终结后，

江户改称“东京”。

本书主要介绍了江户时代（1603—1867）的日本。

经历了连绵的战火后，

幕府将军提防封建领主，

对其严加打压。

日本迎来了太平盛世，

见证了城市生活和商业的蓬勃发展。

现今日本文化的许多特色不是源于江户时代，

就是在江户时代达到了顶峰。

导读

本书介绍了以下各方面的内容：

- 教育（P112−113）
- 经历了德川幕府的闭关锁国后，日本的国门最终重启（P114−119）

书中大部分绘图根据古代日本木刻版画的真迹和图书插画绘制，并参考了 19 世纪中期第一批到达日本的外国人绘制的纪实图画。

日本人的姓名使用自然语序（姓氏在前，名字在后）。

除非特别提及，所有的年份都为公元后的年份。

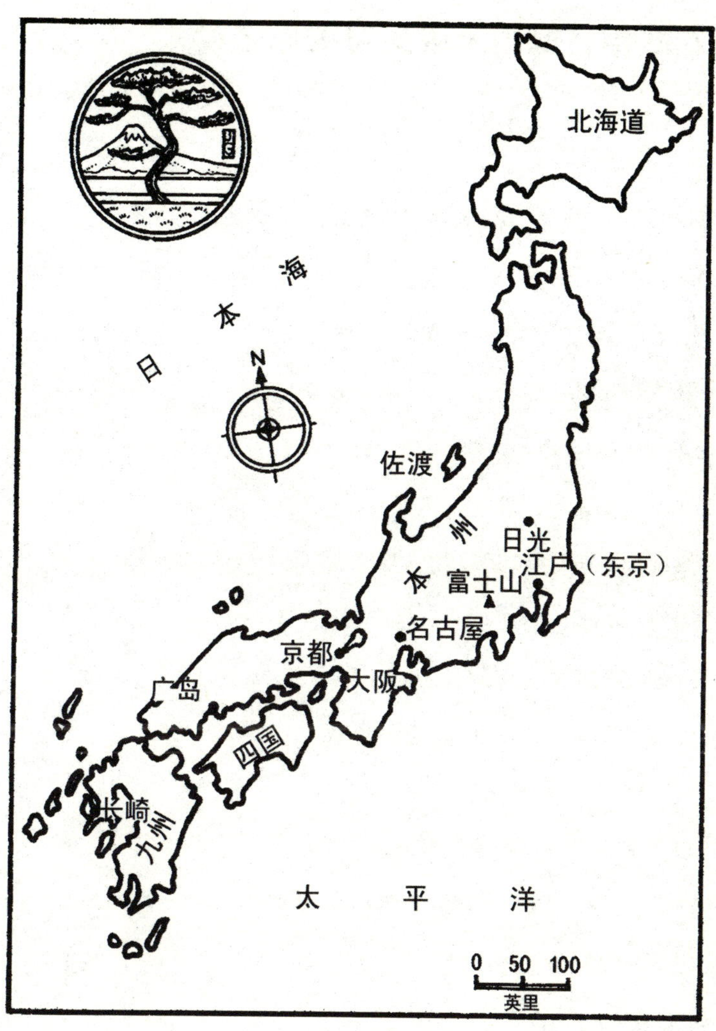
北海道
日本海
N
佐渡
本州
日光
江户（东京）
富士山
名古屋
京都
大阪
广岛
四国
长崎
九州
太平洋
0 50 100
英里

1600 年，德川家康赢得关原之役

这场历史性的战役发生在京都和名古屋之间的关原，

结束了旷日持久的内战，

平息了领主们对日本政权的激烈争夺。

在接下来的数年中，

德川家康仍不断消灭残余的抵抗力量。

到 1603 年时，

他已经做好了成为德川幕府第一任将军的准备——

幕府将军就是日本的实际统治者。

到 1867 年，德川幕府掌权长达两个半世纪。

虽然这期间日本基本处于闭关锁国状态，

在一定程度上成为极权主义国家，

但还是度过了一段相当和平繁荣的时期。

早在公元 1600 年前，德川家康就开始开发江户——

“江户”意为“江之门”，

当时还是渔村。

后来，江户成为他的执政中心，

并与天皇的都城京都形成抗衡态势。

德川家康将军

德川家康生于 1543 年，

用其一生巩固了日本的统一，

并为他的家族赢得了权力，

最后于 1616 年去世。

至今，在东京北部的日光市，

游客们还可以在香火旺盛的庙宇里，

看到他极尽奢华的陵墓。

日本历史上第一个幕府由源氏家族于 1192 年建立。

与早先的幕府政权一样，

德川幕府是世袭制的军事政权，

靠军事力量统治国家。

在 1603 至 1867 年间的江户时代，

幕府将军是日本最具权势的人，

位于封建社会的顶端。

根深蒂固的严格社会分层保证了他的统治：

（从高到低为）权臣，武士，农民，手艺人和匠人，商人。

京都的桂离宫

几百年前，除了个别有才干的天皇外，

政权都把持在强势的大臣或者将军手中。

人们认为天皇是神圣的，

是创造了日本岛的神灵的后裔。

天皇的大部分时间都用来参加保佑国家福祉的仪式。

但是在幕府时期，

天皇作为名义上的国家首脑并无实权。

天皇和他的宫廷与世隔绝，

居住在日本西部城市京都。

自 794 年起，京都就成为日本的首都。

桂离宫于 17 世纪上半叶建造，

是日本著名的建筑群和园林之一。

第二任德川幕府将军向天皇的弟弟提供了建造宫殿的土地，

因为他是宫廷和幕府的中间人。

大名（贵族）坐在宅邸的廊檐下

大名（“伟大的姓名”）即封建领主、大地主，

也是武士们的领主。

大名一般在他们的领地内建有城堡。

绝大多数大名每两年（有些为每半年）都要在将军的直接监视下住在江户城一段时间。

因此，当大名和他的众多随从来往于江户城时，

他们行进在国家主干道上的庞大队伍就成为常见的壮观景象。

而大名要承担旅途的花销，

这必然会大幅削减他们的收入，

这也是将军故意为之。

在江户时代共有三种大名：

将军的亲属；

升至大名的德川家臣；

宣布效忠于德川幕府的原有大名。

武士在大名的城堡中演武

从某种意义上来说，

武士阶层的所有成员（包括将军和大名），

特许携带两把刀的都可以称为武士。

但是“武士”一词常常只用于称呼附属于大名的武士，

他们租种大名的土地，

并向大名效忠。

毕竟在江户时代的和平时期，

武士们也没有什么仗可以打。

四十七武士忠心为主复仇

在江户时代，

武士们能为主效忠和展现武士精神的机会并不多。

最著名的事件当属在 1703 年，

47 名浪人经过长时间的周密谋划后，

为他们被朝臣密谋害死的主人复仇。

他们在得手后随即自杀，

之后被埋葬于东京的泉岳寺。

很快，这件激动人心的事件被改编成戏剧，

并成为木偶剧、歌舞伎剧目《忠臣藏》和无数电影的主题。

东海道上的驿站

日本境内有多条主高速路，

其中包括五条连接日本重要城市的国道。

最著名的一条路就是东海道，

环拥京都和江户之间的海岸线。

无论风吹雨打，

东海道上总是一派熙熙攘攘的繁忙景象。

大名的随从队伍（见第 8、9 页）、商人、信使、轿夫、僧侣、江湖骗子和合法的旅行者挤满了东海道上 53 处驿站的商铺和旅店。

江户时代末期，歌川广重的木版画使这幅景象声名远扬。

至今，像赤坂和御油这样的小城镇还保存着旧貌。

富士山脚下，箱根的城门处还有东海道博物馆（可以看到富士山）。

为了避免留下车辙，

东海道上禁止车辆行驶。

奈良一所寺院外的佛教僧侣

在江户时代，佛教是日本的官方宗教。

约公元前 500 年，佛教发源于印度，

和尚和尼姑通过出家来摆脱无尽的轮回转世，

希望借此获得解脱。

佛教逐渐发展为受众广泛的宗教，

普度众生，

在中亚地区、中国和韩国传播，

并于公元 5 世纪传到日本。

日本的佛教分化成很多对立的教派，

有些教派的教义来源于中国，

有些则发源于日本本土。

对于西方人来说，

日本禅宗是最著名的分支，

强调冥想和顿悟。

在江户时代，每个家庭都要在一个寺庙中注册。

奈良城中有很多最古老、最璀璨的庙宇。

神道教僧侣在广岛附近的严岛神社里

神道（意为“神之路”）教是发源于日本本土的宗教，

崇拜自然，

以山和动植物为神祇。

天皇被认为是神道教神灵的后裔。

极富特色的大鸟居是日本文化的一大符号，

矗立在神庙的入口。

神道教的节日和舞蹈尤其丰富多彩。

在日本的日常宗教行为中，

神道教与佛教等宗教的因素交织在一起。

在江户时代，

将军小心翼翼地控制着宗教场所，

以防备宗教领袖的反叛。

日本的基督教传教士

大约在江户时代前的 16 世纪中期，

作为在东亚地区最活跃的探险者，

葡萄牙人将基督教带到日本。

这种新的宗教迅速在日本扎根传播，

到 1605 年，日本的基督教徒已经达到 40 万人。

政府对基督教的扩张实施了一些限制措施，

最终在 1614 年彻底禁止了基督教。

1637 年的岛原之乱中，

很多穷苦农民仍是基督教徒，

他们的反抗招致了残忍的镇压，

并导致日本在江户时代余下的时间里与外界彻底隔绝。

基督教于 1872 年在日本复苏，

并重新成为日本宗教画卷中的重要一页。

茶道

茶很早就从中国引入日本，

直到公元 8 世纪，

日本才有了享用茶叶的仪式。

虽然在日本中世（1192—1573），

茶道就发展出独特的日本风格，

但直到江户时代之前，

茶道才得到完善。

茶道的设计符合佛教僧侣和武士阶层的生活方式。

而现在，从其纯粹的形式来说，

茶道主要是富人们的嗜好。

虽然茶道的精髓在于净化心灵的朴素仪式和茶具，

但是茶道所需要的在专门庭院中的专用茶室，

以及世代相传的茶具，

使其变成了一种昂贵的仪式。

不过，就像所有人类的活动一样，

茶道的用品也有经济实惠的替代品。

正在演出的能乐

能乐也是一种在江户时代由精英阶层独享，

而在当今社会中为大众所享的娱乐。

能乐的艺术形式在约公元 1400 年时得到了完善：

在笛子、鼓和合唱的伴奏下，

能乐在特制的舞台上演出，

是一种融合了戏剧和歌舞的独特艺术。

剧中各种角色的戏服和面具本身也是杰出的艺术品。

能乐的主题基本是佛教中的极乐世界，

然而剧中的主角可以是神、武士、魔鬼或者凡人。

能乐一般短小精悍，

会在演出中同时上演多部剧目。

能乐影响了欧洲的作家，

尤其是爱尔兰的诗人、剧作家威廉·巴特勒·叶芝。

插稻米秧

和其他 20 世纪前的国家一样，

在江户时代的日本，

农业依然是人们的主要营生。

在南亚、东南亚和东亚的所有国家中，

稻米是最重要的主食。

日本的耕地按照稻米的产量进行分类。

日本人也种植旱地作物，

比如小麦和其他谷物、豆类、甘薯，

橙子、葡萄和其他水果。

茶叶、棉花、烟草、麻等染料和榨油的作物也很重要。

日本人使用各种机械来升高水位和分配用水。

在日本的社会阶层中，

农民的地位仅在武士阶层以下，

高于城镇普通居民。

摘桑叶喂蚕

丝绸织造在日本农业中占有重要地位，

丝绸是日本上层社会中备受追捧的织物。

蚕是蚕蛾的幼虫，

养在农场的特殊蚕室里。

蚕吃桑叶，

五月中旬的桑叶品质最好。

当蚕结茧后，

丝线就被抽出并织成纱线。

整个制纱的工艺需要极长的时间，

也需要极大的耐心和丰富的技巧。

从右图还可以看到另一种乡村手艺：

更换农舍房顶的茅草。

在乡下制作布料：准备棉线；染布

第 46、47 页图中前方的妇女正在使用一种叫作“砧”（棒槌）的工具，

反复敲打棉线，

准备用来纺纱。

制作布料需要很多种技术。

图后方的男人正在一幅长长的布料上直接绘制图案。

人们还用模板和印染（扎染法）制作织物装饰，

当然，刺绣也是常用的装饰手法。

日本的衣物剪裁简单，

但衣物上的装饰非常繁复。

在乡下制作布料：纺织

在乡村中很少能看到丝织品；

然而，麻和棉花的织物很常见。

布料在织好后，

还会经过染色、漂色、缩水、塑形、拉伸、熨平和剪裁等工序。

农民们只能穿麻、亚麻或者棉质的衣物。

武士不能穿缎子。

带着鸬鹚打鱼

日本四面环海，

于是鱼等海鲜在日本人的日常饮食中很重要。

江户年间，商人们操纵着沿海的船队，

此外也捕捞河流和运河中的鱼。

新鲜的鱼可以生吃或熟吃；

还可以用盐腌制或者风干，

储存起来用于调味。

带着鸬鹚打鱼是一种特别的方式，

甚至成为贵族的一项运动。

人们拴着鸬鹚，

在它们的脖子上戴上牢固的颈环，

防止它们将捕到的鱼吞下去。

至今，日本仍有一些地方可以看到鸬鹚捕鱼，

吸引着游客参观。

造船厂

日本于 17 世纪 30 年代闭关锁国后（见第 26 至 29 页），

只有少数外国人可以进入日本，

而日本人既不能出国，

也不能将货物外运，

所以造船厂不再制造海船。

但是沿海地区、岛内河流和日本国内各岛间的船运依然繁忙，

造船仍然是一门重要的手艺。

在江户时代，

船运的航线逐渐发展得更为合理，

能更快捷地运输大米，

减少了大米的失窃和变质。

宽大突出的船舱（如右图后方的船）在沿海船只中很常见，

船上只有一面麻制的船帆和三四十名桨手。

在日本的远西部，

远离将军严密监视的地方，

走私和非法的对外贸易仍然活跃。

开采金矿

采集沙金只用个小盘子就可以，

但是建造竖井和隧道才是金矿更重要的开采方式。

在佐渡岛上很早就发现了金矿（见第 1 页地图），

江户时代初期又发现了更多的金矿，

佐渡岛也被置于幕府的直接监控下。

监工们都是武士，

工作环境恶劣。

那时日本没有统一的货币，

但在江户时代，

金子可以作为货币流通。

银子、铜、铁和黄铜也用来制成钱币，

有各种形状和重量。

纸币只在一些偏远地区使用。

街景

江户时代最鲜明的特征就是城市生活的迅速发展。

虽然手工艺人和商人位于社会的底层，

但是他们奠定了整个江户时代的基调。

他们比贵族更加富有，

因此，他们喜爱的消遣娱乐、艺术品和服饰，构成了江户时代独特的风情。

各式各样的商铺满足了他们的需求；

江户时代出现了种类繁多的城市贸易和职业，

以及繁荣的娱乐业。

街道上挤满了搬运工、送货员、闲逛的人、轿子、信使和小摊贩。

街边小铺

江户时代最典型的商人既是小店店主，

又是他所卖商品的制造者。

商人的家宅就设在店铺后面。

有时，同类型的商铺会聚集在一起，

比如 17 世纪末期的纺织品商铺一条街，

街面最宽有 120 英尺（约 37 米），

最窄 9 英尺（约 2.8 米）。

1691 年，一位德国医生获准进入日本，

他对街道两边一排排各式各样、琳琅满目的商铺印象深刻。

商人们在户外陈列商品，

那时很多商铺的门上已经挂着暗色的半门帘——典型的暖帘，

或商铺门帘，

而现在很多传统的商铺还挂着这种门帘，

让人感到很亲切。

江户的越后屋和服店

江户时代有不少非常大的商铺，

比如三井家族的纺织品店，

也就是现在东京最高档的三越百货的前身。

商铺于 1673 年开业，

革新了商品的陈列方式，

据说是第一家雇用了女性店员的商铺。

三井家族来自名古屋附近的小城松阪，

在京都和大阪都开办了大生意。

城镇妇女在家制作和服

武士阶层妇女的地位远低于男性，

也不能在外接受教育。

在日本，妇女不许公开主张自己的权利。

甚至在城市中，

妇女也不能与男性同桌吃饭。

但是总体上来说，

匠人阶层和商人阶层的妇女享有更多的自由，

这也是由于需要她们挣钱养家。

她们当中有侍者、商店服务员、仆人和小商贩，

还有音乐家和艺人。

家务活仍然占据了妇女们的大部分时间，

干净整洁也是日本的国民特征。

市民在家玩游戏

每个人都能找到适合他们的游戏和娱乐活动。

桌上游戏有围棋和日本象棋。

纸牌游戏很需要智慧，

因为游戏中要背诵著名的诗句。

孩子们的玩具和游戏多种多样，

不仅有右图中的陀螺和翻绳儿，

还有捉人、捉迷藏、板羽球和放风筝的游戏。

至今，日本人还会庆祝儿童节和女孩们的人偶节（女儿节）（分别于5月5日和3月3日举行）。

城镇妇女在家作曲

右图左侧的女士手持三味线，

用拨片演奏。

地板上的弦乐器是古琴。

其他重要的乐器还有琵琶、各种各样的笛子、鼓和锣。

街上有——

专职的街边乐手；

艺伎在各种场合为男性顾客表演唱歌和舞蹈（见第 84、85 页），

同时也是节庆乐手；

各家剧院的小乐团和合唱团成员（见第 34 至 37 页的能乐乐人）。

相扑

这项极富日本特色的摔跤运动，

具有深远的宗教渊源。

最早，相扑在神道教神社和佛教寺庙中举行，

门票收入用来维修神社和寺庙的建筑。

在江户时代乃至现今，

虽然相扑比赛仍带有不少宗教色彩，

但已成为一项运动、一项国技。

在相扑比赛中，

一方要将另一方摔倒在地，

或者挤出赛场，

赛场的界线用稻草捆标出。

相扑的观众席中有一个鼓楼，

在第 78、79 页图中的相扑手后方，

依稀可以看到。

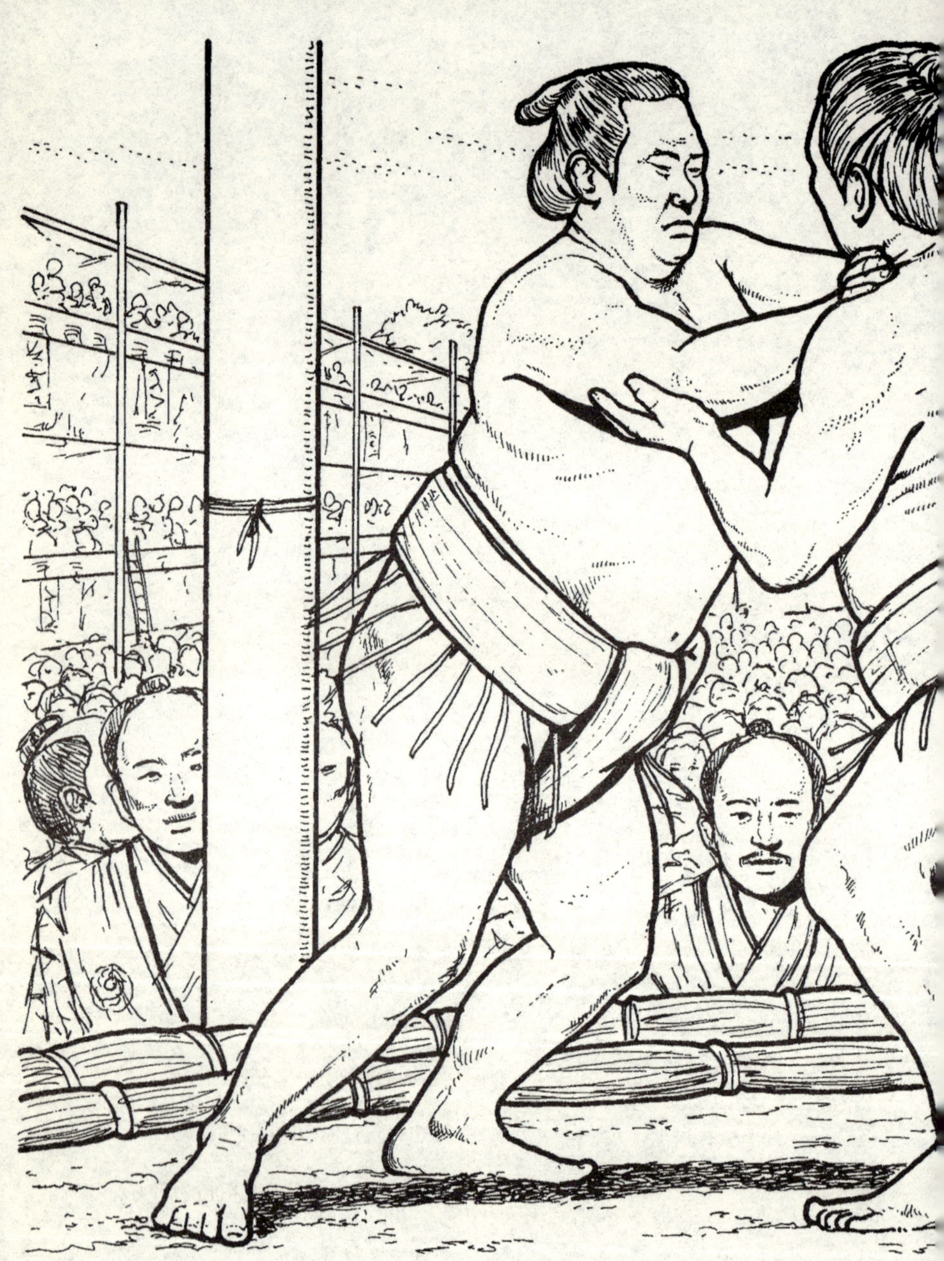

游船作乐

隅田川在当今东京人的生活中仍扮演着重要角色。

在江户时代，游船是一项主要的消遣。

第 82、83 页图根据一幅 18 世纪 50 年代的木版画绘制，

耍猴人和乐手们正坐在船上，

向神社驶去。

河畔两岸对于艺人很重要，

因为京都最早的剧院就出现在鸭川两岸。

当时演员地位低下。

那些只能露天住在河岸或者住在临时的棚子里的人，

被称为“河岸流民”。

艺人们在河畔的餐馆里表演

日本人喜爱交际，

江户时代的城市居民可以享受各种公众便利设施，

这在之前是无法想象的。

遍地都是食肆和酒坊。

各种女性艺人出现在聚会上，

其中最著名的、最昂贵的是艺伎（“艺术之人”）。

女孩从小受训，

学习社交礼仪，

培养音乐素养和谈吐的艺术。

京都的祇园是现在最著名的艺伎聚集之地。

在江户时代，

艺伎是木版画最受欢迎的题材。

歌舞伎表演

江户时代的剧场最受欢迎的节目是歌舞伎演出，

这在今天也一样流行。

歌舞伎发源于江户时代早期的京都。

所有的演员都是男性，

扮演女性角色的男演员称为“女形”。

歌舞伎的服装和场景都非常繁复。

演员们不戴面具，

但是会戴特别的假发，

脸上涂着彩绘。

歌舞伎可以在延伸至观众席的花道上演出。

乐手和合唱团在台下伴奏。

剧情既有历史和传奇题材，

又有日常的城市生活。

演员们表演歌唱、舞蹈和杂技。

舞台效果炫目。

如果剧目很长，

有时候就上演其中的几幕。

有不少歌舞伎出自名门。

木偶剧演出

日本的传统木偶剧，

也叫作“文乐木偶剧”或者“人形净琉璃”，

至今仍在演出。

木偶剧是一种在江户时代广受欢迎的剧场艺术，

发源于大阪。

人偶衣饰华丽、制作精巧，

台词富有见地。

每个人偶都很大，

一个人偶有时需要多达三名演员操作。

舞台边的一名演员叙述着旁白和对话，

并由三味线伴奏（见第 75 页）。

剧情大多是不幸情侣的悲情故事。

很多日本最著名的戏剧最早是木偶剧，

随后才被改编成其他剧种。

夜晚，江户剧场区的一条街道

右图右边屋顶上方的物体是剧院的标识。

左边的建筑是茶铺，

吸引着又饥又渴的行人。

街上熙熙攘攘。

虽然皓月当空，

但人们还是拿着灯笼照亮。

右图是根据日本艺术家歌川广重于 1856 年发表的版画而创作的，

当时已经接近江户时代的末期。

编制篮子的工匠

无论是日常用品还是复杂的艺术品，

日本的手工艺品都精致优美。

在江户时代的绘画和印刷品中，

经常可以看到手工艺人的身影，

比如金漆匠人、雨衣匠人、箭筒匠人、木鞋匠人、茶道茶具匠人、念珠匠人、药箱匠人、糨糊匠人、箭镞匠人、鞍翼匠人，

纸麻纱的工匠，

装订佛经的匠人，

磨剑工。

箍桶匠铺

公元 17 世纪，

日本历史上有记载却不太常见的职业还有：

制鼓工，掏耳工，制墨工，制作日本刀剑护手的工匠，制作手磨刀口的工匠，抛光镜面的工匠，皮袜匠，篾匠，山间僧侣袍服的裁缝，假花匠人，嫁接师傅，卖海藻胶的小贩，卖米糕的小贩，卖白菖蒲的小贩，卖香囊的小商贩和街头杂耍艺人。

版画艺人

对于西方世界来说，

江户时代最著名的制品就是木版画，

也称“浮世绘”。

市民们喜欢那些喜闻乐见的主题：

演员扮演的角色，美女，名胜，相扑手和艺人，

以及日常生活的画面。

我们所认识的江户时代，

大多是从这些版画中了解的。

本书中很多插画也是根据这些版画绘制的。

画家首先在薄纸上勾画出黑白的轮廓。

右图后方的雕刻匠将薄纸粘在木版上，

并沿着轮廓刻透这张纸。

每种颜色都单独使用一块木版。

（如果一种颜色是由两种颜色混合而成的，则不用更换木版。）

右图前方的印刷匠将纸平铺在着色后的木版上，

再从木版上揭下来。

版画出版商的店面

版画的出版商有自己的店面，

江户的一些小零售商铺中也出售版画。

右图是根据著名画家葛饰北斋于 1801 年创作的插图绘制的。

图中的店面是茑屋书店。

旅行推销员、街头小贩和流动的图书经纪人也出售版画。

除了前文提到过的著名版画艺术家，

铃木春信、喜多川歌麿、东洲斋写乐和歌川国芳也是当时成就极高的版画艺术家。

陶瓷和漆器

江户时代的“宏观”和“微观”艺术都异常丰富。

朝鲜的陶艺家被当作战犯带到日本，

早在 17 世纪就制作出日本的首批瓷器。

很快，各式各样的日本瓷器就闻名世界，

并启发了欧洲最早的瓷器制作。

漆器被制成各种日常用品，

比如右图右下方的椭圆形盒子。

江户时代出名的艺术品和视觉艺术形式包括：

象牙腰带挂坠（根付），各种材质的装饰性药箱，纺织品，绘制的屏风，

刀剑陈设，书法，玩偶，花道和园艺等。

俳句诗人松尾芭蕉在旅途中

江户时代涌现了许多日本历史上最伟大的作家：

松尾芭蕉将俳句形式推向顶峰——

俳句是日本传统诗体，

以 5-7-5 音节为一首，有 17 个音节。

松尾芭蕉的作品还有旅行记《奥之细道》；

近松门左卫门是日本最伟大的剧作家，

为木偶剧创作的净琉璃也被改编成广受欢迎的歌舞伎剧目；

井原西鹤的小说风趣地描写了商人阶级的喜怒哀乐；

上田秋成创作了著名的鬼怪故事；

十返舍一九的经典小说《东海岛徒步旅行记》记叙了两个探险家在东海道（见第 16 至 19 页）的冒险经历。

宗教节庆中的城市街景

与现在一样，

宗教在城市居民的生活中占有重要地位，

尤其在节庆（“祭”）中体现得更为明显。

其中的游行活动很受民众欢迎，

可以将他们从日常琐事中解放出来。

季节更迭、当地民俗、纪念各种行业，

都可以举行盛典。

人们在节庆中摆脱了日常种种禁忌，

展现力量与技巧，

举办壮观的仪式，

开展公众娱乐活动，

自由地狂欢。

教育

武士阶级的女孩们在家学习家务，

男孩们则去大名资助的学校上学，

学习日本和中国的古典著作、书法、孔子学说和礼仪。

城镇中的教育则有些散漫：

教育不是强制的，

教师们也没怎么受过正规训练。

在农村，几个村庄联合设立一所学校，

由居民们共同资助；

18 世纪的一幅插画中，

可以看到男生在一间教室，

女生在另一间教室，

中间由隔断分开。

平民能接受到的最好的基础教育，

也只能在佛寺和神社中的学校里（“寺子屋”）。

长崎出岛的荷兰商人

在日本闭关锁国后（见第 26 至 29 页）至 1855 年前，

只有荷兰的商人被允许进入日本，

但是他们只能居住在长崎港的一座人工岛——出岛上。

虽然面积很小，

但出岛为具有冒险精神和远见的日本人提供了西方知识，

尤其是医学、数学、航海和军事的知识。

（1720 年后，日本人可以合法地阅读与基督教无关的外国书籍。）

荷兰人在种种限制下，尽可能地重现了他们的欧洲生活方式。

1853 年，美国海军准将佩里登陆日本

在江户时代末期，幕府政权一落千丈。

而当时充满活力的美国野心勃勃地寻求扩张势力。

所以，当海军准将佩里率领武装精良的“黑船”于 1853 年登陆日本、

要求与日本通商时，

日本国门的重启势在必行。

1867 年，幕府的统治崩塌。

次年，明治天皇成为日本多个世纪以来首位具有实权的国家首脑。

封建制度被废止，

横扫社会和政坛的改革使日本成为欧洲式的国家，

但又很好地保存了她的文化传统。

到 20 世纪初期，工业扩张使日本成为世界强国。